..... Quid non mortalis pectora cogis auri sacri fames ?.........

LE Vte DE St PERN

ET

LA B^{onne} DUPRAT

PEINTS PAR EUX-MÊMES.

FAISANT SUITE A LA CAUSE SACRÉE.

PARIS,

A. PIHAN DE LA FOREST, IMPRIMEUR,

Rue des Noyers, nº 37.

1837.

A la sinistre bataille de Minden, on vit le marquis de Saint-Pern, commandant du corps des grenadiers de France, se promenant devant la ligne sous le feu d'une batterie qui éclaircissait vivement les rangs, au petit pas de son cheval, sa tabatière à la main :

« Mes enfans, leur disait-il en les voyant émus, qu'est-ce que c'est ? du canon. Eh bien ! ça tue, ça tue, voilà tout. »

(Dictionnaire des anecdotes militaires.)

René de Saint-Pern, sur la fin de ses jours, voulant se retirer du monde pour se livrer tout entier aux pratiques de la dévotion, transporta tous ses biens, titres et priviléges à son fils Gabriel, et par son testament, il prescrivit sa sépulture à la porte de l'église, voulant, disait-il :

« Que celui qui, pendant sa vie d'un moment, avait pu fouler quelques-uns des habitans ses vassaux, fût long-temps foulé par eux....., qu'il ne fût pas possible d'entrer dans l'église sans poser le pied sur sa tombe ; invitant ainsi ceux de ses descendans qui pourraient se laisser aller à l'orgueil ou à l'injustice, à songer à la brièveté de la vie, à l'égalité de la mort, à l'abaissement du tombeau. »

(Archives historiques de la noblesse française.)

DEUX LETTRES (1)

En date de 1824, de la tante Duprat au neveu Saint-Pern, laquelle profite de l'occasion propice du décès d'un père, pour le sommer de payer incessamment les cinquante louis prêtés, dit-elle, à ce dernier par son mari, n'accordant que cinq lignes et demie aux complimens banaux de condoléance, et consacrant presque toute la première lettre, et la seconde en entier, à tenter, vis-à-vis ce noble jeune homme, de le prendre par les sentimens du cœur le plus pur, le plus haut qu'il y eut jamais :

Desquelles lettres, la morale vraiment transcendante aurait été fort à propos accueillie et accomplie, alors que, cinq ans après, le sort, malin d'un bord, et benin de l'autre (car chacun sait qu'en fait de testament, ni l'art, ni l'artifice ne font rien et que le sort fait tout), vint convier la tante trop chanceuse à la curée des infimes dépouilles du neveu le plus malencontreux.

Paris, ce 9 septembre.

Vous ne doutez pas jespere mon cher adolphe de la part que jai prise au coup qui vous a frappés je croyais votre pere d'une tres bonne santé et jetais bien loin de pensée que nous ap-

(1) Les lettres et brouillons ici rapportés ont été communiqués en *fac-simile* aux parens et aux amis de bord et d'autre, de sorte à ne laisser aucun doute sur leur authenticité et leur parfaite similitude.

prendrions sitot quil nexistait plus. Ce sont de
ses coups de la providance au quels il faut se
resigner. il avait contracté en vairs mon mari
une petite deite de douze cent francs dont nous
avons le billet. il la souscrit a Moscou avec parole d'honneur de la randre dans quinze jours.
Vous voyez d'après cela mon cher ami que mon
mari n'a pas été un créancier exigent. mais
dans ce momant nous sommes tres gêné et sil
vous est possible de l'acquitter cela nous obbli-
gera beaucoup je ne doutte pas mon cher adolphe que vous ne teniez a honneur de payer ce
billet et dacquiter la parolle de votre perè la
memoire d'un perc est si sacré pour les enfants.
Rappelle moi je vous prie au souvenir de votre
femme jespere qu'elle avence heureusemant
dans sa grossesse et que touts ce qui vous est
cher se porte bien je n'ai point recu de lettre de
natalie elle avait cependant mandez à ma tante
quelle mecrirait dite lui je vous prie mille ami-
ties de ma part adieu mon cher adolphe recev
l'assurance de mon amitie.

B^{nne} DUPRAT née de Magon.

Repondez moi chez ma tante j'y retourne
demain je netais a Paris que pour affaires.

———

Viry ce 3 octobre.

Jai reçu votre lettre mon cher adolphe dans
laquelle vous me dite que votre intention est
bien de faire honneur aux dettes de votre pere,
et que vous avez pris sa succession sous béné-
fice d'inventaire. Vous entendez assez bien les
affaires, et moi aussi mon cher ami, pour savoir
que cest absolument comme si vous me disiez

que je ne serai jamais remboursée; je ne suis
pas étonnée que vous teniez ce langage à la
masse des créancier. Mais il me semble que par
rapport aux liens qui existe entre nous, et la
n'ature de la dette qui est un pret fait de con-
fiance avec promesse de sacquitter sous 15 jours.
je croyais mon cher ami que vous auriez tenu a
honneur pour la mémoire de votre pere à l'acquitter de suitte. Si M. Duprat n'a pas pressée
votre pere de le remboursée vous ne devez voir
dans le procédée qu'ne extreme délicatesse de
sa part qui selon moi mon cher adolphe, vous
trace la marche que vous avez a suivre et que je
suivrais à votre place. adieu mon cher ami je
suis aprésant chez notre bonne tante ou jattand
votre réponse mille amitie a votre femme j'embrasse vos enfants

votre tante

B^{onne} DUPRAT née Magon de Lalande.

COMMENTAIRE.

Première lettre. — « Le coup qui vous a
« frappé (*le neveu*)... Ce sont de ces coups de
« la Providence auxquels il faut se résigner.»

Comme aussi le legs qui vous a été jeté (*à la
tante*)... Ce sont de ces legs de la fortune auxquels il faut se résigner.

« Il a contracté une petite dette de douze
« cents francs souscrite à Moscow avec parole
« d'honneur.»

Quand il y a parole d'honneur, du moins
entre gens d'honneur, il n'y a pas de billet.

« Je ne doute pas que vous ne teniez à hon-
« neur de payer ce billet; la mémoire d'un père
« est si sacrée pour les enfans! »

Ceci est un *memorandum*, très bon à consulter au cas alors éventuel, où la fortune du fils d'une sœur adorée par son père tombe ou du ciel ou des enfers, aux pieds de l'enfant gâté du sort.

Seconde lettre. — « Vous entendez assez bien « les affaires, et moi aussi, mon cher ami. »

Voilà le neveu métamorphosé en *mon cher ami*, toutefois à la charge de payer le billet au comptant.

« Il me semble que, par rapport aux liens « qui existent entre nous, etc., etc. »

Apparemment que ce rapport, que ces liens s'en étaient allés à vau-l'eau avant les cinq années révolues.

« Je croyais, mon cher ami, que vous auriez « tenu à honneur, pour la mémoire de votre « père, à l'acquitter de suite. »

Toujours appel à l'honneur, toujours recours à la mémoire; sauf que l'un et l'autre ne gardent aucune valeur, au moment où il y aurait à les faire valoir.

« Vous ne devez voir qu'une extrême déli- « catesse qui vous trace la marche que vous « avez à suivre et que *je suivrais à votre place.*»

Fais ce que je dis, et non pas ce que je fais. Jamais cette parole ne fut plus applicable qu'en ce lieu; où, en 1824, le pauvre neveu est tenu par l'honneur, pour la mémoire, d'acquitter une somme donnée en vue de sauver la vie, dont tout autre beau-frère aurait récusé le remboursement; où, en 1829, la richissime tante, atteinte d'*un de ces legs de la fortune auxquels il faut se résigner,* n'a pas même eu la pensée de rendre une moitié de la somme, à peine équivalente au dixième du gros lot échu, à ce même neveu, fils unique d'une sœur dont elle tenait et l'honneur et le bonheur.

BROUILLONS

D'une lettre, en date de 1829, du Vte. de St.-Pern à sa grand'-mère Mme de Lalande, dont le testament le dépouilla aussi du tiers de sa mesquine légitime; où cet être, tellement inoffensif et même *indéfensif*, néanmoins laisse percer, comme à son insu, dans un moment d'effusion d'ame, non pas en façon de plaintes qu'il ne se permit jamais, et plutôt en façon de craintes qui n'ont été que trop justifiées, l'expression naïve de sa parfaite conviction sur les menées ourdies par la B^onne Duprat, qui tenait tout de sa mère;

Et de la réponse, en date de 1833, dudit Vte à ladite B^onne, laquelle, après s'être laissé ou fait investir en due forme, au double titre de légataire universelle et de seule préciputaire, du montant de sa légitime naturelle en la succession de la M^ise de St.-Gilles, équivalente aux deux tiers de la plus modique fortune, osait réclamer, par l'intermédiaire d'un fondé de pouvoirs, le paiement de cinquante louis, prêtés, disait-elle, à Moscou par le mari de la tante au père du neveu.

Cette année finit pour moi d'une manière bien malheureuse. Vous savez sans doute que je partage le sort de ma tante Julie dans la succession de Mme de St.-G.? De toute la famille nous sommes les seuls expulsés. Je ne me permettrai aucunes réflexions sur les menées dont je suis victime. Ce qu'il y a de certain, c'est que je n'ai rien à me reprocher. Il faut convenir que je ne suis pas chanceux du côté de la fortune, puisque, de tous mes parens, les uns ne m'ont laissé que des dettes et que les autres me déshéritent.

Daignez, ma chère grand'-mère, recevoir avec bonté l'assurance des sentimens respectueux, et accorder la continuation de vos bonnes graces à

Votre affectionné et soumis petit-fils.

Je suis étonné, monsieur, de la demande que

Mme Duprat vous a chargé de me faire ; loin
moralement
de me regarder comme son débiteur, je la con-
sous le même point de vue
sidère comme étant le mien d'une somme beau-

coup plus forte que celle qu'elle me fait récla-

mer par vous. Au reste, monsieur, la succession

de mon père est ouverte au tribunal de Redon;

ceux qui ont des titres à faire valoir sur elle

peuvent s'adresser au curateur, qui est M. Du-

bourdieu, avocat près ledit tribunal.

BILLET

De la M^ise de St.-Gilles écrit, huit mois avant sa mort, de la main de sa femme de chambre, où il apparaît qu'on était parvenu à lui mettre dans la tête que le bien de sa femme était propre au Vte de St.-Pern, et même que celui-ci le lui avait mandé : choses tellement fausses, tellement absurdes, qu'il fallait que cette dame fût tombée dans l'état d'enfance, ainsi qu'il arrive communément à l'âge de 86 ans; où il apparaît encore avec quelle naïveté, pour ne pas dire plus, elle écrit à sa petite-nièce : *croyez qu'on ne m'a pas impressionnée contre vous,* se gardant bien d'ajouter qu'il en était arrivé tout autrement à l'égard du petit-neveu, et avouant ainsi en une façon implicite et pourtant manifeste qu'on l'avait impressionnée contre lui.

Et lettre d'envoi dudit billet au Vte de St.-Pern dont le seul tort fut de n'avoir pas suivi et de ne pas suivre alors les conseils de la plus vive tendresse, de la plus haute sagacité.

—

Paris, le 16 février 1829.

Ma chère nièce, mes nerfs me font souffrir beaucoup et m'empêchent de vous écrire moi-même. J'ai recours à ma fidèle Savary pour vous répondre. Je ne suis pas fâchée contre vous, mais je suis fâchée que vous ne suiviez pas mes conseils.

Votre frère a beaucoup d'enfans, mais le bien de sa femme lui est propre à ce qu'il m'a mandé; la pension dont il jouit n'est pas une bonté du roi, c'est une chose usitée : elles sont réglées d'après les années de service.

Croyez, ma chère nièce, qu'on ne m'a pas impressionnée contre vous. Je suis enchantée que vous ayez dans ce moment près de vous une amie comme Mlle***, et que votre enfant s'élève bien. Je vous embrasse et aime bien.

—

Ce 7 mars 1829.

Je vois qu'on cherche à te présenter à ma tante comme fort riche; je m'en étais déja aperçue à mon dernier voyage à Paris; tâche donc de la voir souvent; je voudrais que tu lui parles franchement de ta position. Que veut-elle dire avec cette phrase : *Votre frère m'a mandé que le bien de sa femme lui était propre?* Je lui avais mandé que tu devais une partie de ta pension à la bonté du roi; tu me l'as écrit dans le temps; dis-le donc à la tante. Encore une fois, vois-la souvent, et n'oublie pas de faire quelques politesses à la Savary. Je suis persuadée si notre tante te voyait souvent, qu'elle t'accorderait toute son amitié et qu'elle n'écouterait plus autant ceux qui l'obsèdent sans cesse. Mme Duprat est-elle à Paris?

BROUILLONS DE LETTRES

*Du Vte de St.-Pern à l'exécuteur testamentaire
de la M^isc de St.-Gilles.*

Qu'on lise ces lettres poignantes de douleur, touchantes de candeur, et qu'on relise certains passages des lettres déja communiquées.

Lettre de la sœur, 1829. — « Si notre tante te « voyait souvent, elle n'écouterait plus autant « ceux qui l'obsèdent. *Mme Duprat est-elle à* « *Paris ?* »

Lettre à la grand'mère, 1830. — « Je ne me « permettrai aucunes réflexions sur les menées « dont je suis victime. »

Lettre au notaire, 1833. — « Je suis étonné « de la demande de Mme Duprat; loin de me « regarder moralement comme son débiteur, je « la considère comme étant le mien d'une « somme beaucoup plus forte. »

Qu'on lise, qu'on relise : et cela fait, moi qui, contraint par le devoir le plus impérieux, me suis voué à poursuivre, jusqu'à extinction de forces, une tâche si pénible, si périlleuse, je somme quiconque recèle en l'ame quelque fibre honnête et sensible, de se dire en lui-même, s'il ne pleure pas le funèbre destin de l'innocent neveu, s'il ne blâme pas l'odieuse conduite de la sœur renégate, de la tante marâtre, s'il n'honore pas l'énergie, la persistance du grand-père en la défense de ses cinq orphelins.

De la Gervaisais

Etant frustré de mes espérances par le testament de ma tante Mme de St.-Gilles qui m'exclut, m'a-t-on dit, de sa succession, malgré la promesse solennelle qu'elle me fit de vive voix, il y a 13 ans, à l'occasion de mon mariage, qu'une somme de 60,000 francs me serait laissée par elle ; je ne crois pas avoir donné à ma tante aucun sujet de mécontement contre moi, du moins elle ne me l'a jamais témoigné. D'où peut donc venir un changement de dispositions si fâcheux pour moi ?

Comme je ne sais jusqu'à présent toutes ces choses que par des *on dit,* je viens, monsieur, vous prier de m'expédier une copie du testament de ma tante, qui sans doute y aura motivé son changement d'intention à mon égard.

———

Lorsque j'eus l'honneur de vous voir à la triste cérémonie de l'enterrement de ma tante Mme de St.-Gilles, vous eûtes la bonté de me promettre de faire la recherche parmi les papiers de ma tante, de toutes lettres à elle adressées par moi ou par M. de la Gervaisais, mon beau-père, ainsi que de toutes pièces qui pourraient me concerner. Je vous fis cette demande d'après le dire de Mlle Savary, qu'il devait se trouver dans les papiers de ma tante des pièces qui soi-disant l'avaient indignée contre moi, et qui motiveraient mon expulsion de sa succession.

J'ai le plus grand intérêt à connaître les motifs qui ont pu porter ma tante à me déshériter malgré la promesse formelle, et que je regardais comme sacrée, qu'elle me fit, il y a treize ans, à l'occasion de mon mariage, qu'elle me laisserait une somme de 60,000 francs.

FIN.